# ¡Comunícate!

# Las letras de las canciones pop

**Dona Herweck Rice**

## Créditos de publicación

Rachelle Cracchiolo, M.S.Ed., *Editora comercial*
Conni Medina, M.A.Ed., *Gerente editorial*
Nika Fabienke, Ed.D., *Realizadora de la serie*
June Kikuchi, *Directora de contenido*
Caroline Gasca, M.S.Ed., *Editora*
John Leach, *Editor asistente*
Sam Morales, M.A., *Editor asistente*
Lee Aucoin, *Diseñadora gráfica superior*
Sandy Qadamani, *Diseñadora gráfica*

TIME For Kids y el logo TIME For Kids son marcas registradas de TIME Inc. y se usan bajo licencia.

**Créditos de imágenes**: pág.24 GraficallyMinded/Alamy Stock Photo; todas las demás imágenes de iStock y/o Shutterstock

Todas las empresas y los productos mencionados en este libro son marcas registradas de sus respectivos propietarios o creadores y solo se utilizan con fines editoriales; el autor y la editorial no persiguen fines comerciales con su uso.

## Teacher Created Materials

5301 Oceanus Drive
Huntington Beach, CA 92649-1030
http://www.tcmpub.com

**ISBN 978-1-4258-2710-6**

© 2018 Teacher Created Materials, Inc.

# Contenido

# ¡Pop!

## ¿Música pop?

La palabra *pop* imita el sonido de una explosión. ¡*POP!* Y tal vez la música pop tenga un efecto explosivo. Estalla en la mente de las personas y hace que deseen cantar. Estalla en los pies de las personas y hace que deseen bailar. Estalla en las comunidades y se convierte en algo sobre lo que todos hablan y disfrutan.

La palabra *pop* en música pop es una abreviatura de *popular*. La música pop es popular. Todos los años aparecen nuevos éxitos pop. En 1922, la canción "Yes! We Have No Bananas" fascinó a los oyentes. "Chattanooga Choo Choo" los entusiasmó en 1941. "Kung Fu Fighting" fue una sensación en 1974. Un éxito pop más reciente es "Uptown Funk".

### El número uno

The Beatles fue una banda popular, y muchas de sus canciones ocuparon el primer puesto. John Lennon y Paul McCartney fueron dos miembros de la banda. Lennon escribió 22 canciones que ocuparon el primer puesto. McCartney escribió 36.

# La primera canción pop

Nadie sabe con certeza cuál fue la primera canción pop. Algunos creen que fue "Sumer Is Icumen In" del año 1239 d. C., aproximadamente. El título significa "El verano ha llegado" en inglés medio y la cantaban los **trovadores**. Anteriormente, casi todas las canciones eran himnos religiosos. "Sumer" no era más que una **melodía** alegre sobre el verano. Pero fue un gran éxito entre el público **medieval**.

# Menéalo, menéalo

"¡¿Qué están diciendo?!"

Los padres han tratado de entender la música pop desde su comienzo. Es probable que un niño de las cavernas haya cantado alguna vez: "Menéalo, menéalo." Y entonces su papá de las cavernas haya gritado: "¡Simplemente no los entiendo, niños!"

El pop es un **género** que muchos consideran que es para los jóvenes. Tal vez sea porque las personas tienden a preferir las canciones de su juventud. Los mayores suelen creer que las canciones nuevas no son tan buenas como las que escuchaban cuando era niños. Esto es parte de la naturaleza humana.

Cada **generación** tiene su propia música pop. Los niños adoran sus nuevas canciones por los mismos motivos que sus padres adoraban las suyas.

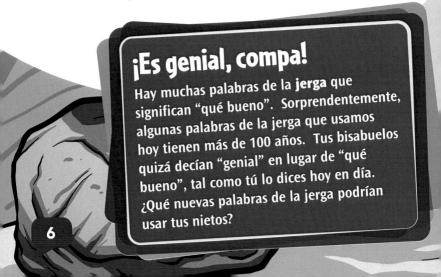

## ¡Es genial, compa!

Hay muchas palabras de la **jerga** que significan "qué bueno". Sorprendentemente, algunas palabras de la jerga que usamos hoy tienen más de 100 años. Tus bisabuelos quizá decían "genial" en lugar de "qué bueno", tal como tú lo dices hoy en día. ¿Qué nuevas palabras de la jerga podrían usar tus nietos?

# Una y otra vez

La popularidad puede ser **fugaz**. A menudo, una canción pop se convierte en un gran éxito y se la escucha mucho en poco tiempo. A veces se la escucha tanto que las personas se cansan. A algunos incluso deja de gustarles.

¡Simplemente no los entiendo, niños!

¡Los niños no te entienden a ti, papá!

# ¿Qué les gusta tanto?

¿Por qué gusta tanto la música pop? Tal vez sea la música en sí. Es probable que cantes o bailes al compás de una buena canción pop y quizá el ritmo te haga sentir de cierta manera. Ya sea que te sientas feliz o triste, ambas emociones pueden resultar gratificantes. ¡Es posible que te sientas optimista, inspirado o entusiasmado! Una buena canción puede hacerte sentir cualquiera de estas emociones, así como otras.

Por supuesto que la música de una canción es importante. No sería una canción si no la tuviera. ¿Qué ocurre con la letra? ¿Cuán importante es y qué hace que la letra de una canción sea mejor que la de otra? ¿Sería la letra de la canción "Yes! We Have No Broccoli" tan buena como "Yes! We Have No Bananas"? Es probable que no guste tanto.

"¡Sí! No tenemos bananas. ¡No tenemos bananas hoy!"

# La música y el lenguaje

Los científicos han descubierto que los patrones de las canciones alegres reflejan nuestros patrones de lenguaje alegre. Sucede lo mismo con las canciones tristes y el lenguaje triste. En cierto modo, las canciones reflejan nuestra forma de hablar.

# La letra es importante

Las palabras son una de las partes más importantes de nuestra vida. Son la forma principal en la que nos comunicamos con los demás. Hablamos, escribimos, leemos, enviamos mensajes, vemos televisión y escuchamos música casi en forma constante. Sin las palabras, perderíamos una fuente principal de comunicación. Incluso nos resultaría difícil vivir.

Las palabras son muy importantes, y de eso se tratan las letras de las canciones. Son las palabras de una canción. Están escritas de una manera específica por razones específicas. Una palabra no es igual a otra y no se puede reemplazar con cualquier otra.

## Parlanchines

A la edad de cuatro años, la mayoría de las personas habrá aprendido 5,000 palabras de su lengua materna. Ese número se duplica a los ocho años. Al llegar a la edad adulta, ¡se duplica otra vez! Por lo tanto, hay muchas opciones para encontrar la letra perfecta.

# Al ritmo de la lira

La palabra griega *lyra* significa "lira". Una lira era un instrumento de cuerda. Los poemas griegos se solían **acompañar** con la música de la lira. Esta es parte de la historia de la poesía musical que hoy conocemos.

# Los distintos niveles

Todos los escritos tienen un nivel de lectura. El nivel indica el grado de dificultad del texto. Depende de las palabras que se usan. La forma en que se ordenan las palabras también puede cambiar el nivel.

Piensa en esta oración: *Los niños adoran los caramelos.* Está destinada a un alumno de primer grado. Un nivel de lectura para un alumno de tercer grado sería así: *Los niños adoran comer caramelos.* Para sexto grado, sería: *Comer caramelos es algo que los niños adoran.* En todas se dice lo mismo, pero el nivel de lectura no es el mismo.

## La práctica hace al maestro

El nivel de lectura no depende de la inteligencia. Se relaciona con el desarrollo de la comprensión lectora. Piensa en aprender a hacer un tiro libre en el baloncesto. Tienes todo lo necesario para encestar, pero aun así debes practicar. Lo mismo sucede con la lectura. Las habilidades se desarrollan con la práctica y no con la inteligencia. (Pero, por supuesto, ¡practicar es una decisión inteligente!).

De acuerdo con un estudio reciente, el nivel de lectura que se necesita para entender la letra de una canción pop ha disminuido con el paso del tiempo. Hace unos años, el nivel **promedio** era de entre el tercer y el cuarto grado. El nivel promedio actual es de entre el segundo y el tercer grado. Observa el siguiente gráfico.

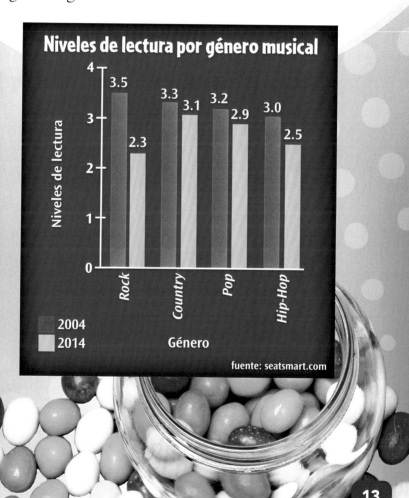

**Niveles de lectura por género musical**

- 2004
- 2014

Género

fuente: seatsmart.com

# ¿Qué hace que la letra sea estupenda?

Los compositores han buscado la clave mágica para escribir canciones exitosas desde que existen las canciones exitosas. ¿La han hallado? De ninguna manera. Todas las canciones pop son distintas y, si hubiera una clave, cualquiera podría escribir un éxito s problemas. Entonces, ¿cuál sería el desafío?

¿Por qué las canciones pop son **memorables**? Lee los **factores** que tienen en común muchas canciones p especialmente con respecto a la letra. Algunos de esto factores hacen también que las canciones se conviertar en éxitos. ¡Quizá podrías usarlos para escribir tu prop éxito pop!

## La danza lírica

La danza lírica **transmite** emociones como alegría, dolor y amor por medio del movimiento. Estos movimientos son delicados y elegantes. La mayoría de los bailarines usan canciones con letras. Las palabras ayudan a los bailarines a expresarse.

## ¿Qué es lo primero?

Todos los compositores son distintos. Unos prefieren escribir la letra antes que la música. Otros escriben la música y luego buscan las palabras que concuerdan con la historia o la emoción que sugiere la música. Algunos escriben ambas al mismo tiempo. Y, a veces, los compositores trabajan con un compañero. Uno escribe la letra mientras el otro escribe la música.

# Que sea simple

Analiza las siguientes frases: *Te amo*. O *Te admiro profundamente; me seducen todas tus cualidades y siento una fuerte atracción por ti.* ¿Qué frase **pega** más? La primera, por supuesto. La segunda es muy **recargada**.

## Te ♥

Actualmente muchas personas escriben de manera abreviada. Usan letras y símbolos en lugar de palabras, como "te ♥" en vez de "te amo". Muchos artistas de la música pop usan este tipo de símbolos en los títulos de sus canciones. Por ejemplo, el cantante Prince solía usar símbolos en lugar de palabras. De hecho, incluso cambió su nombre por un símbolo durante un tiempo.

Las letras de las grandes canciones pop son simples. Dicen lo que quieren expresar de manera clara. Además, "mantienen el mensaje" durante toda la canción. Si el mensaje de la canción es "te amo", el **tema** se desarrolla durante toda la canción. No incluye una parte sobre cómo al cantante le gusta acariciar perros. Tampoco habla sobre el hecho de que el cantante odia la mostaza en los perros calientes. Todo trata sobre lo mismo: "te amo".

## Tiempos cambiantes

Con el paso del tiempo, el lenguaje ha cambiado. El habla común se ha vuelto cada vez más simple a lo largo de los años. Veamos por ejemplo la canción "Greensleeves" del siglo XVI. Los primeros versos son: "¡Ay, mi amor, me hiciste mal al rechazarme de forma tan descortés!". Hoy cantaríamos: "¡Oye, amor, qué mala fuiste al cortarme así!".

# ¿Cómo te sientes?

La mayoría de personas no quiere escuchar a alguien cantar sobre el clima.  Pero sí quiere saber qué siente realmente el cantante.  Una canción en la que el cantante comparte sus sentimientos sobre el clima podría ser un gran éxito. "Stormy Weather" fue popular en los 30.  "I Love a Rainy Night" fue un éxito en los 80.  Incluso una canción sobre un sentimiento podría hacer que una persona se sienta de la misma manera. "Happy" y "Can't Stop the Feeling" lo lograron en los últimos años.

Como decía una vieja canción: "Siento, oh, oh, oh, siento". ¡De eso se trata en las canciones pop exitosas!

# Emoji

La palabra *emoji* es una mezcla entre las palabras japonesas para *imagen* y *letra*. Un *emoji* puede reemplazar sustantivos o verbos. Sirve para demostrar sentimientos o ideas. A algunas personas les gusta escribir canciones con algún *emoji* en lugar de palabras.

# Emoticonos

¿Para qué escribir con letras si los símbolos pueden expresarlo tan bien? Los emoticonos pueden decir mucho con poco. Un par de teclas del teclado pueden expresar sentimientos. Ya sea que estés :), :( o :D, los emoticonos transmiten el mensaje.

# Amor, amor, amor

Todas las personas son muy distintas entre sí. Pero tienen algunas cosas en común. Por ejemplo, la mayoría necesita amar y desea ser amado. De hecho, el amor es uno de los temas más frecuentes en las letras de las canciones pop. Puede ser el amor encontrado, el amor perdido, el amor nuevo, el amor antiguo o el sueño de encontrar el amor.

Analicemos algunas canciones populares del pasado. En 1975, "Love Will Keep Us Together" fue un gran éxito. ¡"I Will Always Love You" fue popular en los 70, 80 y 90! Últimamente, "Say Hey (I Love You)" fue un éxito. La lista es interminable. Sin duda, ¡las personas realmente aman amar una canción de amor!

## El amor perdido

Las canciones que tenían la palabra *amor* en el título llegaron a la cima en 1980. En ese momento, *amor* aparecía en 14 de cada 100 títulos de canciones. Aún hay muchas, pero la cantidad ha descendido.

## ¿Que qué?

"I'm blue da ba dee da ba daa". Aunque las palabras no tengan sentido (como en "Blue", un éxito de 1999), la repetición de las palabras sirve para hacerlas memorables. Y para que se les peguen a los oyentes. Descubrirás que muchos éxitos pop repiten palabras y frases.

# Las palabras importa

Ahora sabemos que las canciones pop exitosas son simples y que tienen un mensaje claro. Sabemos que tratan sobre un tema que la mayoría de las personas disfrutan. Y que consiguen que las personas sientan a

Pero, ¿cómo logran todo esto los escritores? Usan **técnicas** para la música pop. Una técnica común es la rima. Cuando las rimas de las letras de las canciones pop son pegadizas, las personas las recuerdan y quiere cantarlas. Mira, por ejemplo, parte de la letra en inglé de la canción "Fight Song" de Rachel Platten: "This is my fight song / Take back my life song / Prove I'm alright song." Las palabras de un verso riman con las siguiente. Además, se repite la última palabra de cada verso; por lo tanto, también rima. ¡Las personas cantarán esta canción pegadiza durante muchos años!

## Cortas y dulces

Las palabras de las canciones pop exitosas suelen ser cortas. Es más fácil mantener un ritmo ágil con palabras cortas y rimas simples que con palabras y rimas largas. Por ejemplo, busca una rima asonante para *listo*. Ahora busca una para *inteligente*. ¿Cuál fue más fácil? (¡Oye, eres muy listo!).

## Engánchalos

Un gancho es un verso que atrapa al oyente desde el principio. Puede ser una frase, una pregunta o una historia. En las canciones pop exitosas, el estribillo (los versos que se repiten muchas veces) puede usarse como gancho. ¡En "Let It Be" de The Beatles, la frase "let it be" se repite 36 veces!

Cada día hay que comenzar
con deseos participar
untos el mundo hacemos girar
sonidos podemos lograr

# Cambio de significado

Una simple palabra o frase puede cambiar por completo el significado de una canción. ¿Qué pasaría si se cambiara "te amo" por "me gustas"? ¿O si "lo siento" se convirtiera en "uy"? Los escritores eligen cada palabra para decir exactamente lo que desean.

La música puede hacer lo mismo. Imagina que se cambia el ritmo de una canción para modificar el **énfasis** de la letra. Un cambio en el énfasis también puede cambiar el significado. Por ejemplo, ¿qué sucedería si, en lugar de destacar la palabra *buen* en "Era un buen hombre", se destaca la palabra *era*? Léelo de ambas maneras: "Era un <u>buen</u> hombre" y "<u>Era</u> un buen hombre". El significado cambia. Es como si fuera otra letra.

## Gusanitos en los oídos

Imagina que un gusanito te entra por la oreja y no puedes sacarlo. ¡Puaj! Algo así son las melodías pegadizas, es decir, canciones que se introducen en tu cabeza. ¡Es probable que las recuerdes durante horas o incluso días cada vez! A veces, escuchar nuevamente la canción te ayuda a sacártela de la cabeza.

# ¡Podría ser una gran canción!

De acuerdo con algunos estudios, los seres humanos pueden tener hasta 70,000 pensamientos por día. Es decir, unos 75 pensamientos por minuto. ¡Más de un pensamiento por segundo! Y cualquiera de esos pensamientos podría ser el comienzo de la próxima gran canción pop.

¡Inténtalo! Si algo te resulta interesante, seguro que a otras personas también. Trata de transformar tus pensamientos en letras de canciones. Que sean simples y que tu mensaje sea claro. Escribe sobre algo que las personas disfruten. E intenta que las personas sientan algo.

Ten cuidado, mundo de la música. ¡Aquí vienes! Ahora sí hay algo para cantar.

## Melodías tecno

No es necesario ser un humano para escribir una canción. Las computadoras ahora pueden buscar y revisar las canciones que ya existen para inventar una melodía nueva. Pero aun así, necesitan ayuda para escribir la letra. Algún día, incluso eso cambiará.

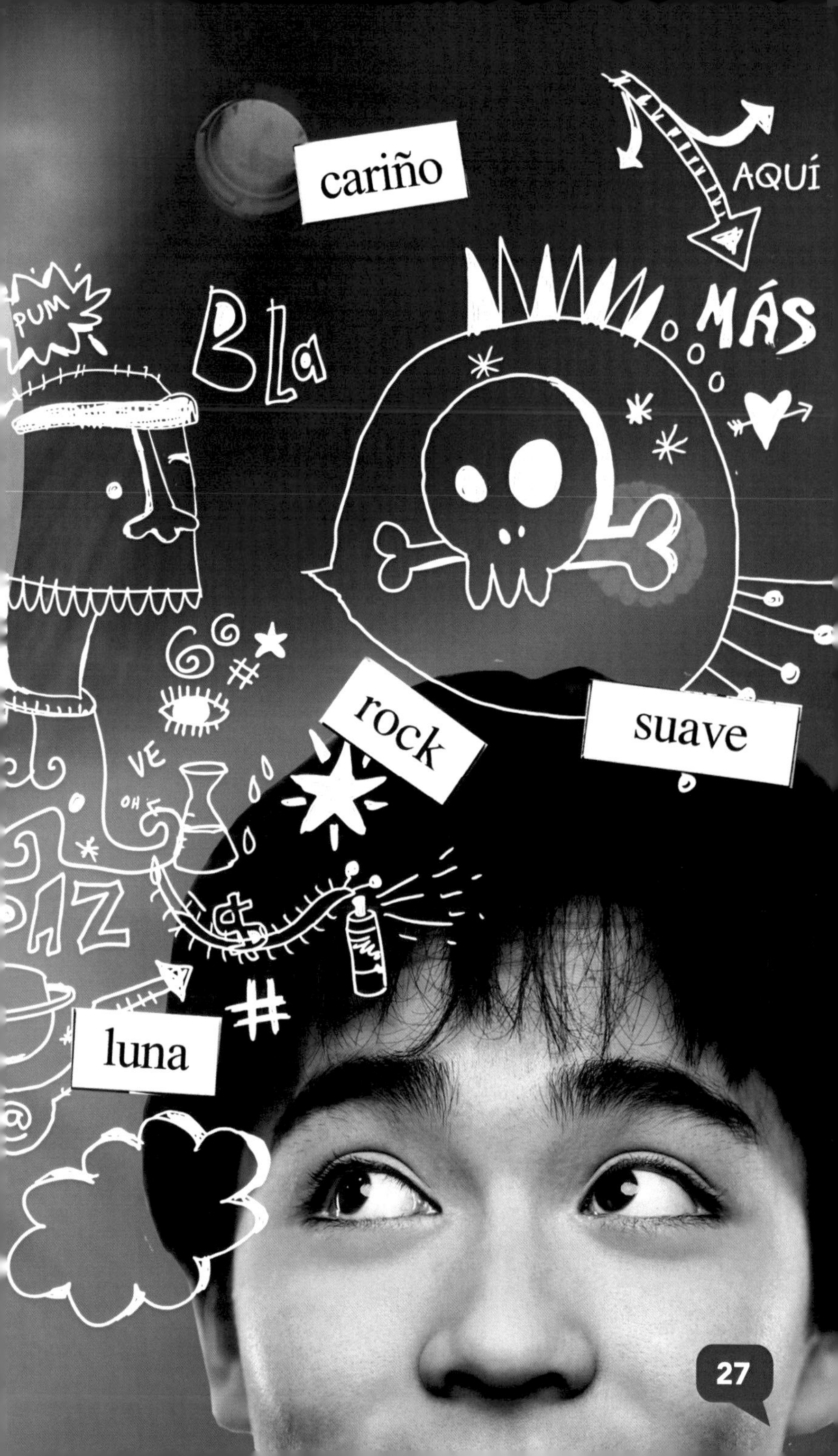
cariño
AQUÍ
PUM
Bla
MÁS
rock
suave
VE
luna

# Glosario

**acompañar**: tocar música para asistir a un cantante

**énfasis**: fuerza o atención especial que se agrega

**factores**: elementos que producen un resultado

**fugaz**: que no dura mucho

**generación**: grupo de personas nacidas en la misma época

**género**: tipo de música o de otra forma de arte

**jerga**: lenguaje informal que usa un grupo de persona

**medieval**: relacionado con la Edad Media, que tuvo lugar entre los años 500 y 1500 d. C.

**melodía**: parte de la música de una canción

**memorables**: dignos de recordar

**pega**: entusiasma o interesa

**promedio**: un nivel característico de un grupo o una clase

**recargada**: muy complicada

**técnicas**: métodos para hacer algo

**tema**: idea o asunto principal

**transmite**: comunica

**trovadores**: músicos y cantantes de la época medieva

# Índice

# ¡Échale un vistazo!

## Libros

Didriksen, Erik. 2015. *Pop Sonnets: Shakespearian Spins on Your Favorite Songs.* Quirk Books.

Lukas, Lisa Donovan. 2014. *The Young Musician's Guide to Songwriting: How to Create Music & Lyrics.* Must Write Music.

Tieger, Danny. 2015. *I Am Your Songwriting Journal—Turn Your Amazing Ideas into Awesome Songs!* Peter Pauper Press, Inc.

## Páginas web

www.billboard.com/.

www.chaval.es/chavales/proteccion/tres-aplicaciones-infantiles-para-componer-música

www.guiainfantil.com/articulos/ocio/poesias/7-trucos-para-ensenar-a-los-ninos-a-escribir-poesia/.

Traynor, Sean. 2010. "Writer's Tips: How to Write Song Lyrics." *Amazing Kids! Magazine.* mag.amazing-kids.org/ak_columns/writers-tips/writers-tips-how-to-write-song-lyrics/.

# ¡Inténtalo!

¡Te convertirás en el próximo creador de un gran éxito! Una compañía discográfica importante quiere que escribas una canción.

❶ Elige un sentimiento. Piensa en cómo se puede describir.

❷ Haz una lista de palabras y frases que describan ese sentimiento.

❸ Decide si usarás rima. Si lo haces, ¿dónde y cómo la usarás?

❹ ¡Escribe la letra de tu canción! Recuerda hacerla simple. Asegúrate de que la letra logre que las personas sientan algo.

❺ Acepta un nuevo desafío. Crea la melodía de tu canción o elige una música que conozcas.

# Acerca de la autora

¡Es posible que Dona Herweck Rice sea la persona más fanática de las palabras de todo el mundo! Ama todo lo relacionado con las palabras: cómo se ven, suenan, saben y sienten. Adora decirlas, cantarlas, pensarlas y ser parte de ellas (aunque eso puede ser complicado). Como superheroína, la identidad de Dona es Parlanchina, y usa su poder para hacer el bien, no el mal. Sabe que no hay poder más importante en el mundo que el poder de la palabra. Y es un poder que todos podemos compartir. ¡Parlanchines del mundo, uníos